Matthias Fiedler

Ideja par inovatīvu nekustamā īpašumu saskaņošanu: Vienkārši nekustamo īpašumu starpniecības pakalpojumi

Nekustamo īpašumu saskaņošana: Efektīvi, vienkārši un profesionāli nekustamo īpašumu starpniecības pakalpojumi ar inovatīvu nekustamo īpašumu saskaņošanas portālu

Izdevēja ziņas

1. izdevums kā drukāta grāmata | 2017. gada februārī
(Sākotnēji publicēta vācu valodā 2016. gada decembrī)

© 2016 Matthias Fiedler

Matthias Fiedler
Erika-von-Brockdorff-Str. 19
41352 Korschenbroich
Vācija
www.matthiasfiedler.net

Izgatavošana un drukāšana:
Skatīt iespiedumu pēdējā lappusē

Vāka dizains: Matthias Fiedler
E-grāmatas izveide: Matthias Fiedler

ISBN-13 (brošēta grāmata): 978-3-947184-58-3
ISBN-13 (mob. e-grāmata): 978-3-947128-28-0
ISBN-13 (epub. e-grāmata): 978-3-947128-29-7

Bibliogrāfiskā informācija par Vācijas Nacionālo bibliotēku:
Vācijas Nacionālā bibliotēka šo publikāciju tur uzskaitē Vācijas
Nacionālajā bibliogrāfijā; detalizēti bibliogrāfiskie dati ir
pieejami interneta vietnē: http://dnb.d-nb.de.

SATURS

Šajā grāmatā tiek izskaidrota revolucionāra koncepcija pasaules nekustamo īpašumu saskaņošanas portālam (App - aplikācija) ar ievērojama pārdošanas potenciāla aprēķinu (miljardi eiro), kas integrēts nekustamo īpašumu aģenta programmatūrā, tai skaitā nekustamo īpašumu vērtēšana (triljonu eiro pārdošanas potenciāls).

Tas, ietaupot laiku, ļauj sagādāt dzīvojamo un komerciālo īpašumu pašu vajadzībām vai izīrēšanai. Tā ir inovatīvu un profesionālu nekustamo īpašumu starpniecības pakalpojumu nākotne nekustamo īpašumu aģentiem un nekustamo īpašumu potenciālajiem klientiem. Nekustamo īpašumu saskaņošana darbojas gandrīz visās valstīs un pat starp valstīm.

Tā vietā, lai pircējus vai īrniekus "informētu" par nekustamo īpašumu, nekustamo īpašumu saskaņošanas portālā tiek kvalificēti nekustamo īpašumu potenciālie klienti (meklēšanas profils) un pielīdzināti un sasaistīti ar nekustamo īpašumu, kuru piedāvā nekustamo īpašumu aģents.

SATURS

PRIEKŠVĀRDS

2011. gadā es pārdomāju un izstrādāju šeit aprakstīto ideju par inovatīvu nekustamā īpašumu saskaņošanu.

Kopš 1998. gada esmu darbojies nekustamā īpašuma biznesā (cita starpā, nekustamo īpašumu starpniecības pakalpojumos, pirkšanā un pārdošanā, vērtēšanā, nomas un zemes gabalu attīstībā). Starp citu, esmu nekustamā īpašuma speciālists (IHK), nekustamo īpašumu ekonomists (ADI) un nekustamo īpašumu vērtēšanas eksperts (DEKRA) un starptautiski atzītās nekustamo īpašumu asociācijas Royal Institution of Chartered Surveyors (MRICS) loceklis.

Matthias Fiedler
Korschenbroich, 31.10.2016.
www.matthiasfiedler.net

1. Ideja par inovatīvu nekustamā īpašumu saskaņošanu: vienkārši nekustamo īpašumu starpniecības pakalpojumi

Nekustamo īpašumu saskaņošana: Efektīvi, vienkārši un profesionāli nekustamo īpašumu starpniecības pakalpojumi ar inovatīvu nekustamo īpašumu saskaņošanas portālu

Tā vietā, lai pircējus vai īrniekus "informētu" par nekustamo īpašumu, nekustamo īpašumu saskaņošanas portālā (App –aplikācija) tiek kvalificēti nekustamo īpašumu potenciālie klienti (meklēšanas profils) un pielīdzināti un sasaistīti ar nekustamo īpašumu, kuru piedāvā nekustamo īpašumu aģents.

2. Nekustamo īpašumu potenciālo klientu un nekustamo īpašumu pārdevēju mērķis

No nekustamo īpašumu pārdevēja un izīrētāja viedokļa ir svarīgi nekustamo īpašumu ātri pārdot vai izīrēt par iespējami augstāku cenu.

No pircēja un īrnieka viedokļa ir svarīgi atrast nekustamo īpašumu saskaņā ar viņa vēlmēm un ātri un vienkārši to nopirkt vai izīrēt.

3. Iepriekšējās nekustamo īpašumu meklēšanas metodes

Parasti potenciālie klienti nekustamo īpašumu sev vēlamajā reģionā skatās lielajos nekustamo īpašumu portālos internetā. Tajā pa e-pastu varat saņemt nekustamo īpašumu vai sarakstu ar attiecīgajām nekustamo īpašumu saitēm, ja esat izveidojis īsu meklēšanas profilu. Bieži vien tas tiek darīts 2-3 nekustamo īpašumu portālos. Pēc tam pārdevējs parasti sazināsies ar jums pa e-pastu. Tas dod pārdevējam iespēju un atļauju sazināties ar potenciālajiem klientiem.

Turklāt, potenciālie klienti atsevišķi sazinās ar vēlamās zonas nekustamo īpašumu aģentu un pēc tam meklēšanas profilu saglabā.

Pārdevēji nekustamo īpašumu portālos ir privātie un komerciālie. Komerciālie pārdevēji pārsvarā ir nekustamo īpašumu aģenti un daļēji darbuzņēmēji, nekustamo īpašumu tirgotāji un citas nekustamo īpašumu kompānijas (turpmāk tekstā komerciālo pakalpojumu sniedzējs tiek dēvēts par nekustamo īpašumu aģentu).

4. Privātā pārdevēja trūkumi / nekustamo īpašumu aģenta priekšrocības

Pērkamā nekustamā īpašuma gadījumā no privāto pārdevēju puses ne vienmēr tiek garantēta tūlītēja pārdošana, ja, piemēram, nekustamo īpašumu mantošanas gadījumā nav vienošanās starp mantiniekiem vai nav mantojuma apliecības. Turklāt, pārdošanu var sarežģīt neatrisināti juridiskie jautājumi, piemēram, cita starpā mājokļu likums.

Nekustamo īpašumu nomas gadījumā var gadīties, ka privātais iznomātājs nav panācis reglamentējošu apstiprinājumu, piemēram, ja komerciālais nekustamais īpašums (telpa) tiek izīrēts kā dzīvoklis.

Ja nekustamo īpašumu aģents darbojas kā pārdevējs, viņš iepriekšminētos aspektus parasti precizē. Turklāt, bieži vien ir pieejami visi attiecīgie nekustamo īpašumu dokumenti (zemes plāns, vietas plāns, energoefektivitātes sertifikāts, zemesgrāmata, oficiālie dokumenti, u.c.). - Tātad pārdošanu vai nomu ir iespējams veikt ātri un bez sarežģījumiem.

5. Nekustamo īpašumu saskaņošanas pakalpojumi

Lai ātri un efektīvi panāktu saskaņošanu starp potenciālo klientu un pārdevēju vai iznomātāju, parasti ir svarīgi piedāvāt sistemātisku un profesionālu pieeju.

Tas tiek darīts ar pretēju pieeju un secību, meklējot un atrodot attiecībā uz nekustamo īpašumu aģentu un potenciālajiem klientiem. Tas nozīme, ka tā vietā, lai pircējus vai īrniekus "informētu" par nekustamo īpašumu, nekustamo īpašumu saskaņošanas portālā (App –aplikācija) tiek kvalificēti nekustamo īpašumu potenciālie klienti (meklēšanas profils) un pielīdzināti un sasaistīti ar nekustamo īpašumu, kuru piedāvā nekustamo īpašumu aģents.

Ar pirmo soli potenciālie klienti nekustamo īpašumu saskaņošanas portālā izveido konkrētu meklēšanas profilu. Šis meklēšanas profils ietver

20 iezīmes. Starp citu, meklēšanas profilam ir būtiskas šādas iezīmes (nav pilns saraksts).

- Reģions/pasta indekss/vieta
- Īpašuma veids
- Zemes gabala platība
- Apdzīvojamā platība
- Pārdošanas/īrēšanas cena
- Būvniecības gads
- Stāvs
- Istabu skaits
- Iznomāts (jā/nē)
- Pagrabs (jā/nē)
- Balkons/terase (jā/nē)
- Apkures veids
- Autostāvvieta (jā/nē)

Ir svarīgi šīs iezīmes neievadīt taisnā ceļā, bet gan tās atlasīt, nospiežot vai atverot attiecīgo iezīmju lauku (piemēram, īpašuma veids) sarakstā ar iepriekš sniegtām iespējām/variantiem

15

(piemēram, īpašuma veids: dzīvoklis, ģimenes māja, noliktava, birojs...).

Potenciālie klienti pēc izvēles var izveidot papildu meklēšanas profilu. Arī ir iespējams veikt meklēšanas profila izmaiņas.

Turklāt, potenciālie klienti ievada pilnu kontaktinformāciju iepriekš noteiktos laukos. Tā ir: vārds, uzvārds, iela, mājas numurs, pasta indekss, pilsēta, tālrunis un e-pasts.

Šajā sakarība potenciālie klienti dod savu piekrišanu sakaru uzņemšanai un piemērotu nekustamo īpašumu sludinājumu nosūtīšanai no nekustamo īpašumu aģenta vietnēm.

Turklāt, potenciālie klienti noslēdz līgumu ar nekustamo īpašumu saskaņošanas portāla operatoru.

Ar nākamo soli ir pieejami meklēšanas profili, izmantojot programmēšanas interfeisu (API - Application Programming Interface –Aplikāciju programmēšanas interfeiss) - salīdzināmu, piemēram, ar programmēšanas interfeisu "openimmo" Vācijā - kas vēl nav redzami pievienotajiem nekustamo īpašumu aģentiem. Tālab, jāatzīmē, ka šim programmēšanas interfeisam –gandrīz vai atslēga īstenošanai - praktiski jāatbalsta jebkura pašreizējās prakses nekustamo īpašumu aģentu programmatūra un jānodrošina tās nosūtīšana. Ja tā nav, tas tehniski jāiespējo. - Tā kā praksē programmēšanas interfeisi jau ir, piemēram, iepriekšminētais programmēšanas interfeiss "openimmo" un citi programmēšanas interfeisi, jābūt iespējai nosūtīt meklēšanas profilus.

Tagad nekustamo īpašumu aģenti jūsu meklētos nekustamos īpašumus salīdzina ar meklēšanas profiliem. Lai to izdarītu, nekustamie īpašumi tiek importēti nekustamo īpašumu saskaņošanas portālā un sasaistītas attiecīgās iezīmes.

Pēc rezultātu salīdzināšanas rodas saskaņošana, kas tiek noteikta procentos. - Piemēram, ja saskaņošana ir 50%, nekustamo īpašumu aģenta programmatūrā tiek parādīti meklēšanas profili.

Šeit tiek novērtētas (punktu sistēma) individuālās iezīmes tā, lai tās pēc salīdzināšanas sniegtu saskaņošanas procentuālo vērtību (atbilstības varbūtība). - Piemēram, iezīme "īpašuma veids" ir augstāk novērtēta nekā iezīme "dzīvojamā platība". Turklāt, var atlasīt konkrētas iezīmes (piemēram, pagrabs), kurām jāatrodas šajā nekustāmajā īpašumā.

Lai veiktu saskaņošanu, iezīmju salīdzināšanas laikā jāpievērš vērība tam, lai nekustamo īpašumu aģentiem tiktu iespējota piekļuve tikai to izvēlētajiem (rezervētajiem) reģioniem. Tas atvieglina datu salīdzināšanu. Jo īpaši, ja attiecīgie nekustamo īpašumu aģenti bieži darbojas reģionālā līmenī. - Jāatzīmē, ka lielu datu apjomu uzglabāšana un apstrāde mūsdienās ir iespējama ar tā saukto "mākoni".

Lai nodrošinātu profesionālus nekustamo īpašumu starpniecības pakalpojumus, piekļuve meklēšanas profiliem ir iespējama vienīgi nekustamo īpašumu aģentiem.

Lai to panāktu, nekustamo īpašumu aģenti noslēdz līgumu ar nekustamo īpašumu saskaņošanas portāla operatoru.

Pēc katras salīdzināšanas/saskaņošanas nekustamo īpašumu aģents var sazināties ar potenciālajiem klientiem un otrādi, potenciālie klienti var sazināties ar nekustamo īpašumu aģentu. Tas nozīmē, ka pat tad, ja nekustamo īpašumu aģents nosūta potenciālajiem klientiem sludinājumu, tiek dokumentēts darbības pieradījums vai nekustamo īpašumu aģenta tiesības uz savu brokera komisiju pārdošanas vai izīrēšanas gadījumā.

Tas paredz, ka nekustamo īpašumu aģentam no īpašnieka puses (pārdevējs vai iznomātājs) ir uzdots veikt nekustāma īpašuma starpniecību vai ir dota piekrišana piedāvāt nekustamo īpašumu.

6. Pielietošanas jomas

Šeit aprakstītā nekustamo īpašumu saskaņošana ir piemērojama pirkuma un nekustamajiem nomas īpašumiem dzīvojamo un komerciālo nekustamo īpašumu jomā. Komerciālajiem nekustāmajiem īpašumiem attiecīgi ir nepieciešamas papildu iezīmes.

Potenciālo klientu pusē, kā parasti tas notiek praksē, var būt nekustamo īpašumu aģents, ja tas, piemēram, darbojas klientu vārdā.

No telpiskā skatījuma nekustamo īpašumu saskaņošanas portālu var piemērot jebkurā valstī.

7. Priekšrocības

Šis nekustamo īpašumu saskaņošanas portāls sniedz lielas priekšrocības potenciālajiem klientiem, ja jūs meklējat, piemēram, savā reģionā (pilsētā) vai darba maiņas uz citu pilsētu/reģionu gadījumā nekustamo īpašumu meklējat tur.

Savu meklēšanas profilu jūs izveidojat tikai vienreiz un no nekustamo īpašumu aģentiem, kas darbojas vēlamajā reģionā, saņemat piemērotus nekustamos īpašumus.

Tādējādi nekustamo īpašumu aģentiem, veicot pārdošanu vai nomu, ir lielas priekšrocības attiecībā uz efektivitāti un laika ietaupīšanu.

Jūs nekavējoties saņemsiet pārskatu par to, cik augstas ir konkrēto potenciālo klientu izredzes uz katru no tiem piedāvāto nekustāmo īpašumu.

Turklāt, nekustamo īpašumu aģents var tieši sazināties ar savu mērķa auditoriju, kas, izveidojot savu meklēšanas profilu, ir izteikusi konkrētas domas par savu ideālo nekustamo īpašumu (cita starpā, nosūtot nekustamo īpašumu sludinājumus).

Ar šo palielinās sazināšanās kvalitāte ar potenciālajiem klientiem, kas skaidri zina, ko meklē. Tas samazina turpmāko apmeklējumu termiņu skaitu. - Tādējādi samazinās viss mārketinga periods attiecībā nekustamajiem īpašumiem ar starpniecību.

Pēc tam, kad potenciālie klienti ir apmeklējuši starpniecības nekustamo īpašumu - kā parasti – tiek noslēgts pārdošanas vai nomas līgums.

8. Aprēķina piemērs (potenciāls) - vienīgais īpašnieku apdzīvotie dzīvokļi un mājas (izņemot īres dzīvokļus un mājas un komerciālos nekustamos īpašumus)

Turpmākais piemērs skaidri pierāda nekustamo īpašumu saskaņošanas portāla potenciālu.

Mikrorajonā, kura iedzīvotāju skaits ir 250 000, kā pilsētā Mönchengladbach, ir statistiski noapaļotas 125 000 mājsaimniecības (2 iedzīvotāji uz vienu mājsaimniecību). Vidējais pārcelšanās līmenis ir aptuveni 10%. Tādējādi gada laika pārceļas 12 500 mājsaimniecību. - Turklāt, netika ņemta vērā pārcelšanās uz un no Mönchengladbach. - Tādejādi aptuveni 10 000 mājsaimniecību (80%) meklē nekustamo nomas īpašumu un 2 500 mājsaimniecību (20%) nekustamo īpašumu pirkšanai.

Saskaņā ar pilsētas Mönchengladbach ekspertu komisijas zemes gabalu tirgus ziņojumu 2012.

gadā bija 2 613 nekustamo īpašumu iegādes gadījumu. - Tas apstiprina minēto 2500 potenciālo klientu skaitu. Faktiski ir vairāk, jo, piemēram, ne jau katrs potenciālais klients atrod savu nekustamo īpašumu. Tiek lēsts, ka faktisko pircēju vai konkrētā veida meklēšanas profilu skaitam jābūt divas reizes lielākam par vidējo pārcelšanās ātrumu, kas aptuveni ir 10%, proti, 25 000 meklēšanas profili. Tas nozīmē, ka potenciālie klienti ir izveidojuši vairākus meklēšanas profilus nekustamo īpašumu saskaņošanas portālā.

Vadoties pēc līdzšinējās pieredzes, ir vērts pieminēt, ka aptuveni puse no visiem potenciālajiem klientiem (pircēji un īrnieki) savu nekustamo īpašumu ir atradusi caur nekustamo īpašumu aģentu, tādējādi kopumā 6 250 mājsaimniecību.

Bet pieredze rāda, ka vismaz 70% no visām mājsaimniecībām nekustamo īpašumu meklējušas interneta portālos, tādējādi kopumā 8 750 mājsaimniecību (līdzvērtīgi 17 500 meklēšanas profiliem).

Ja 30% no visiem potenciālajiem klientiem, tas ir, 3.750 mājsaimniecību (ekvivalents 7500 meklēšanas profiliem) tādā pilsētā kā Mönchengladbach izveidotu savu meklēšanas profilu nekustamo īpašumu saskaņošanas portālā (App - aplikācija), pievienotie nekustamo īpašumu aģenti gadā varētu piedāvāt piemērotus nekustamos īpašumus 1500 konkrētu meklēšanas profilu (20%) potenciālajiem pircējiem un līdz 6000 meklēšanas profilu (80%) potenciālajiem īrniekiem.

Tas nozīmē, ka ar vidējo 10 mēnešu meklēšanas laiku un katra potenciālo klientu izveidotā meklēšanas profila cenu 50 mēnesī, 7 500 meklēšanas profilu pārdošanas potenciāls ir 3 750 000 € gadā pilsētā ar 250 000 iedzīvotāju skaitu.

Ekstrapolējot to uz Vācijas Federatīvo Republiku ar noapaļotiem 80 000 000 (80 miljoni) iedzīvotājiem, tas dod apgrozījuma potenciālu par 1 200 000 000 € (1,2 miljardus €) gadā. - Ja, nevis 30% no visiem potenciālajiem klientiem, bet, piemēram, 40% savu nekustāmo īpašumu meklē nekustamo īpašumu saskaņošanas portālā, pārdošanas potenciāls palielinās līdz 1 600 000 000 € (1,6 miljardi €) gadā.

Šis pārdošanas potenciāls attiecas tikai uz īpašnieku apsaimniekotajiem dzīvokļiem un mājām. Šajā potenciālu aprēķinā nav iekļauti nomas vai ieguldījumu nekustāmie īpašumi dzīvojamo platību nekustamo īpašumu un visā komercīpašumu nozarē.

Aptuveni 50 000 Vācijas uzņēmumu nekustamo īpašumu starpniecības pakalpojumu jomā (tai skaitā iesaistītie celtniecības uzņēmumi, nekustamo īpašumu aģenti un citi nekustamo īpašumu uzņēmumi) ar aptuveni 200 000 darbinieku un šo 50 000 uzņēmumu 20% dalību, kas šo nekustamo īpašumu saskaņošanas portālu izmanto ar vidēji 2 licencēm ar priekšzīmīgu cenu 300 € mēnesī uz licenci, ir pārdošanas potenciāla 72 000 000 € (72 miljoni €) gadā. Turklāt, ja tiek veikta vietējo meklēšanas profilu reģionālā rezervēšana, tad, atkarībā no to izveidošanas, var radīt citu nozīmīgu ieņēmumu potenciālu.

Pateicoties potenciālo klientu lielajam potenciālam ar specifiskiem meklēšanas profiliem, nekustamo īpašumu aģentiem vairs nav pastāvīgi jāatjaunina pašu potenciālo klientu datu bāze –ja tā ir pieejama. Jo īpaši tādēļ šis pašreizējais meklēšanas profilu skaits, iespējams, ka pārsniegs meklēšanas profilu skaitu, kuru daudzi nekustamo īpašumu aģenti ir saglabājuši savā datu bāzē.

Ja šis novatoriskais nekustamo īpašumu saskaņošanas portāls tiks izmantots citās valstīs, piemēram, potenciālie pircēji no Vācijas varētu ievietot brīvdienu dzīvokļu meklēšanas profilu Vidusjūras salā Maljorkā (Spānija) un nekustamo īpašumu aģenti, kas pievienoti Maljorkā, varētu piedāvāt attiecīgi piemērotu dzīvokli saviem potenciālajiem vācu klientiem, izmantojot e-pastu. - Ja nosūtītie sludinājumi rakstīti spāņu valodā, mūsdienās potenciālie pircēji tekstu internetā ļoti īsā laikā var pārtulkot uz vācu valodu, izmantojot tulkošanas programmu.

Lai veiktu meklēšanas profilu saskaņošanu ar piedāvāto nekustamo īpašumu dažādās valodās, nekustamo īpašumu saskaņošanas portālā var realizēt attiecīgo iezīmju salīdzināšanu, pamatojoties uz ieprogrammētajām (matemātiskajām) iezīmēm –neatkarīgi no valodas - un pēc tam tiek nozīmēta attiecīgā valoda.

Piemērojot nekustamo īpašumu saskaņošanas portālu visā kontinentā, iepriekšminētais ieņēmumu potenciāls (tikai meklēšanas potenciālajiem klientiem), izmantojot ļoti vienkāršotu ekstrapolāciju, atspoguļojas šādi.

Pasaules iedzīvotāju skaits:

7 500 000 000 (7,5 miljardi) iedzīvotāju

1. Iedzīvotāji rūpnieciski attīstītajās valstīs un lielā mērā rūpnieciski attīstītajās valstīs:

   2 000 000 000 (2,0 miljardi) iedzīvotāju

2. Iedzīvotāji jaunajos tirgos:

   4 000 000 000 (4,0 miljardi) iedzīvotāju

3. Iedzīvotāji jaunattīstības valstīs:

   1 500 000 000 (1,5 miljardi) iedzīvotāju

Vācijas Federatīvās Republikas gada pārdošanas potenciāls 1,2 € miljardu apmērā ar 80 miljoniem iedzīvotāju tiek ekstrapolēts ar šādiem pieņemtajiem faktoriem jaunajos tirgos un jaunattīstības valstīs.

1. Rūpnieciski attīstītās valstis: 1,0

2. Jaunie tirgi: 0,4

3. Jaunattīstības valstis: 0,1

Tādējādi rodas šādi gada pārdošanas potenciālie rezultāti (1,2 miljardu € x iedzīvotāji (rūpnieciski attīstītās un jaunattīstības valstis) / 80 miljoni iedzīvotāju x koeficients).

1. Rūpnieciski attīstītās
valstis: 30,00 miljardi €

2. Jaunie tirgi: 24,00 miljardi €

3. Jaunattīstības valstis: 2,25 miljardi €

Kopā: **56,25 miljardi €**

9. Secinājumi

Šis nekustamo īpašumu saskaņošanas portāls piedāvā nekustāmo īpašumu meklētājiem (potenciālajiem klientiem) un nekustāmo īpašumu aģentiem ievērojamas priekšrocības.

1. Potenciālie klienti ievērojami ietaupa laiku, kas tiek veltīts piemērotu nekustāmo īpašumu meklēšanai, jo savu meklēšanas profilu tie ievieto tikai reizi.

2. Nekustamo īpašumu aģenti vispārēju priekšstatu par potenciālo klientu skaitu iegūst ar jau konkrētiem pieprasījumiem (meklēšanas profils).

3. Potenciālie klienti saņem tikai vēlamos vai piemēroto nekustamo īpašumu priekšlikumus (saskaņā ar meklēšanas profilu) no visiem nekustamā īpašuma aģentiem (gandrīz automātiska priekšatlase).

4. Nekustamo īpašumu aģenti samazina izdevumus par savu individuālo datu bāzes aprūpi attiecībā uz meklēšanas profiliem, jo ir pastāvīgi pieejams ļoti liels pašreizējo meklēšanas profilu skaits.

5. Tā kā nekustamo īpašumu saskaņošanas portālam ir pieslēgušies tikai komerciālie piegādātāji/nekustamo īpašumu aģenti, potenciāli klienti sakaras ar profesionāliem un bieži vien pieredzējušiem nekustamo īpašumu brokeriem.

6. Nekustamo īpašumu aģenti samazinātu apskates termiņu skaitu un kopējo tirdzniecības periodu. Attiecībā uz potenciālajiem klientiem savukārt samazinās arī apskates termiņu skaits un laiks iegādes vai nomas pabeigšanai.

7. Arī pārdodamo un iznomājamo nekustamo īpašumu īpašniekiem tas ir laika ietaupījums. Turklāt, samazinās neiznomāto nekustamo nomas īpašumu

skaits un paātrinās pirkuma cenas maksājums par pērkamajiem nekustamajiem īpašumiem, pateicoties ātrākai nomai vai pārdošanai, līdz ar to rodas arī finansiālās priekšrocības.

Realizējot vai īstenojot šo nekustamo īpašumu saskaņošanas ideju, var sasniegt ievērojamu progresu attiecībā uz nekustamo īpašumu starpniecības pakalpojumiem.

10. Nekustamo īpašumu saskaņošanas portāla integrācija jaunā nekustamo īpašumu aģentu -programmatūrā, tostarp nekustamo īpašumu vērtējums.

Kā pilnveidojums, šeit aprakstītais nekustamo īpašumu saskaņošanas portāls var vai tam vajadzētu jau no paša sākuma būt jaunas - ideāli izmantojamas visā pasaulē - nekustamo īpašumu aģentu programmatūras būtiskai sastāvdaļai. Tas nozīmē, ka nekustamo īpašumu aģenti var izmantot, vai nu nekustamo īpašumu saskaņošanas portālu papildus to izmantotajai nekustamo īpašumu aģentu programmatūrai vai ideāli izmantot jaunu nekustamo īpašumu aģentu programmatūru, tai skaitā nekustamo īpašumu saskaņošanas portālu.

Integrējot šo efektīvo un inovatīvo nekustamo īpašumu saskaņošanas portālu savā nekustamo īpašumu aģentu programmatūrā, tiek radīts būtisks pārdošanas punkts nekustamo īpašumu ağentu programmatūrā, kas ir būtiski iekļūšanai tirgū.

Tā kā nekustamā īpašuma starpniecības pakalpojumu būtiska sastāvdaļa vienmēr ir bijusi nekustamā īpašuma vērtēšana, nekustamo īpašumu ağentu programmatūrā noteikti ir jāintegrē nekustamo īpašumu vērtēšanas instruments. Nekustamo īpašumu vērtējuma ar atbilstošajiem skaitļošanas veidiem attiecīgajiem datiem/parametriem nekustamo īpašumu ağentu ievadītajos/ievietotajos nekustamajos īpašumos var piekļūt, izmantojot saites. Ja nepieciešams, trūkstošos parametrus var papildināt nekustamo īpašumu ağents, izmantojot savu reğionālo tirgu pieredzi.

Turklāt, īpašumu ağentu programmatūrā jāspēj integrēt piedāvāto nekustamo īpašumu tā sauktās virtuālās nekustamo īpašumu ekskursijas. To varētu, piemēram, vienkāršoti īstenot, izstrādājot mobilā tālruņa un/vai planšetdatora papildu App (aplikāciju), kas pēc virtuālās nekustamo īpašumu ekskursijas uzņemšanas to lielā mērā automātiski iesaistītu nekustamo īpašumu aģentu programmatūrā.

Ja efektīvais un novatoriskais nekustamo īpašumu saskaņošanas portāls ir integrēts jaunā nekustamo īpašumu aģentu programmatūrā kopā ar nekustamo īpašumu vērtēšanu, tādējādi vēlreiz nozīmīgi palielināsies iespējamās pārdošanas potenciāls.

Matthias Fiedler

Korschenbroich, 31.10.2016.

Matthias Fiedler
Erika-von-Brockdorff-Str. 19
41352 Korschenbroich
Vācija
www.matthiasfiedler.net